MW01121264

Made in the USA
Las Vegas, NV
30 June 2021

25720043R00066